U0582537

Mother to Daughter Father to Daughter

孩子，这是我们要给你的爱

· 女儿篇 ·

[美] 哈利·哈里森(Harrison, H.)
梅丽莎·哈里森(Harrison, M.)
◎著　付瑞娟◎译

吉林出版集团 | 吉林文史出版社

图书在版编目（CIP）数据

孩子，这是我们要给你的爱·女儿篇（精装版）：
本书连续10年入选《纽约时报》亲子类图书畅销榜/(美)哈里森(Harrison,H.)，
(美)哈里森(Harrison,M.) 著；付瑞娟译. -- 长春：吉林文史出版社，2012.11
书名原文：Mother to Daughter
ISBN 978-7-5472-1294-3

Ⅰ.①孩… Ⅱ.①哈… ②哈… ③付… Ⅲ.①女性－家庭教育 Ⅳ.①G78

中国版本图书馆CIP数据核字(2012)第266514号

First published in the United States under the title:
FATHER TO DAUGHTER
Copyright© 2003 by Harry H. Harrison, Jr.
MOTHER TO DAUGHTER
Copyright© 2005 by Melissa Harrison & Harry H. Harrison, Jr.
Published by arrangement with Workman Publishing Company, New York.
Simplified Chinese edition
Copyright:© 2012 by BEIJING ZHENGQING CULTURE & ART CO LTD.
All rights reserved.

吉林省版权局著作权登记
图字：07-2012-4018

中文版序

原来，这就是我们要给孩子的爱

这是两本不足四万字的小书，在阅读的过程中，我被感动得数度流下热泪。

"是个男孩！"

"是个女孩！"

伴随着这个惊喜的声音，你的孩子来到了这个世界。

望着这个稚嫩的生命，你的心慢慢融化，变得柔软。有时，从孩子的哭泣中，你分明听到了自己心碎的声音；有时，孩子一个灿烂的笑容，会让你在毫无防备的情况下深深被打动；有时，孩子不经意的一句话会让你铭记很久很久，甚至是一生。无数个难熬的夜晚，无数个欢乐的瞬间，你的心随着孩子的心在一起跳动……

没错，这就是爱。

不过，这只是爱的一部分，父母要给予孩子的爱远远不止这些。一位心理学家说："这个世界上所有的爱都是以聚合为最终目的，只有一种爱以分离为目的，那就是父母对孩子的爱。父母真正成功的爱，就是让孩子尽早作为一个独立的个体从其生命中分离出去。这种分离越早，父母就越成功。"

《孩子，这是我们要给你的爱》之所以让我感动，是因为它告诉我：虽然父母给予孩子的爱从聚合亲密开始，但最终目的，不是为了把孩子留在身边，而是让孩子认识自己，帮助他们定义自己是谁，最后放孩子走，让他们踏上属于自己的旅程。

这种爱让孩子独立，而不是成为孩子的经纪人。

这种爱给孩子摔倒的机会，同时，也给孩子自己站起来的机会。

这种爱让孩子活出自己的梦想，而不是让他们为父母圆梦。

这种爱在孩子羽翼丰满之前，给他耐心与呵护，教给他智慧与能力；在他羽翼丰满以后，放开手，让他享受自己的世界。

......

正如书中所写："养女儿就像养花，你给她最好的一切。如果你用心照料，她将像鲜花一样盛开，在她盛开之后，她将离开！"

我想，与孩子亲密无间是一种爱，放手让孩子走则是一种更深更完整的爱。

原来，这就是父母给予孩子的爱！

孩子，这是我们要给你的爱·女儿篇

目　录

Contents

第一部分
妈妈给女儿的爱

1

第二部分
爸爸给女儿的爱
65

第一部分
妈妈给女儿的爱

养女儿就像养花

这是一份充满神秘感的关系。

妈妈和女儿的关系，在她与女儿见面以前就早已开始。事实上，这份关系最早始于妈妈自己的童年。妈妈有着什么样的童年，决定着她将给自己的女儿一个什么样的童年。

在这一生当中，妈妈要教给女儿什么呢？

她教女儿学会认识自己，处理生活中的压力，享受生活中的喜悦，并克服恐惧；她教女儿像真正的淑女一样生活，教她如何更有魅力，如何穿衣打扮，并在日后养育自己的小宝贝……

总之，她教给女儿自己所知道的关于做女人的一切。然而，女儿长大成人的那一天，也是她们分离的开始。

一位妈妈曾经说过："养女儿就像养花。你给她最好的一切。如果你用心照料，她将像鲜花一样盛开；在她'盛开'之后，她将离开。"

每一位妈妈都本能地知道这一点，但即便预感到女儿总有一天会离开，她依然如此深爱着她，爱她就像爱自己身体的一部分，也正是这一点让母亲和女儿的关系显得如此特别。妈妈知道，这份爱是永恒的，而这份爱正是女儿迫不及待想去亲身体验的。

好妈妈的五个关键

1. 做她的母亲，而不是她最好的朋友。

2. 让她活出自己的梦想，而不要让她为你圆梦。

3. 做一个自信、有力量的女人。

4. 做个好妻子。她将来如何与男人相处，取决于你如何与自己的丈夫相处。

5. 记住，你的目标不是要成为她生活的中心，而是要从她生命的重心中逐渐抽离出来。

难舍难分的幼儿期

Bonding Years

妈妈和女儿的关系，就其亲密度而言，丝毫不亚于一对如胶似漆的恋人。这份感情，妈妈早已从自己母亲身上体会过了。现在，妈妈将通过女儿把这份感情再次加温。

女儿像一位天使，来到妈妈的怀抱。从现在开始，就要思考如何做个好妈妈。要是等她 18 岁，就太迟了。

看着这个摇篮里的小女孩儿，你知道她也是老公的小宝贝儿，她将和你一起分享他的爱。

抱着她，离她如此之近，心中却有一丝不舍。你不敢想象，有一天要丢下她去上班，重拾原有的生活。是你这个老妈太黏人，还是女儿太招人疼？或许，二者都是。

紧张，手忙脚乱，神经兮兮，因为我是新手妈妈。一开始，你夜里会醒来无数次，检查小家伙的情况。或许，适当地放松神经，才能让你有更多精力照顾宝宝。

昔日的美女，变身超级奶妈。你已经全然忘记自己曾经有多么酷，多么性感，现在，你每次出门都得带上手推车、背包、尿不湿、零食、玩具和消毒湿巾。

不要过于呵护她。教她学会冒险，慢慢熟悉并融入这个陌生的世界。

记住，成功地给一个小女孩换尿布的标准是：（1）脸没挨踢；（2）你的衣服依然干净整洁；（3）你的嗅觉依然灵敏。

请常常记得，她想做的事不过就是你正在做的事。在她的整个童年，情况都大抵如此。

你需要知道她的毛绒玩具和布娃娃的名字。让她讲它们的故事给你听。

你会发现，你变成了一个大小孩，再低幼的玩具，你也能和她玩得不亦乐乎。

从现在开始，逗她笑就是你的主要职业。千万别不相信，昔日的职场女白领会在公共场所做鬼脸、发出奇怪的声音，仅仅是为了博自家小公主一笑。

你要有心理准备：小女孩的情绪有时能让妈妈大吃一惊。

别担心她太小，现在就可以开始她的烘焙生涯了。让她自己动手，为新烤的小饼干撒上糖粉。她会爱上这项工作的。

作为妈妈，你将慢慢学会破译她的哭声。是因为不舒服，还是仅仅为了吸引大人的注意？男人们永远搞不懂这一点。

教她记住自己的名字和家庭住址，这比学会说"三字经"更重要。

允许她为你梳头，设计你的发型。爸爸的发型也可以交给她打理。她的这种兴致过几年就会过去。

学唱她在学校里唱的歌，和她一起随着音乐放声歌唱。

你特意为她收藏多年的芭比娃娃，她只玩了几分钟就兴趣索然了。这或许很无奈，但请接受这样的事实。

开始为她的跳舞课、钢琴课、体操课、游泳课和合唱课存钱。

请记住，你现在的家庭习惯会传给她的家庭、她的孩子。

你不是"万能妈妈"，你也需要休息，需要有一点自己的时间。不要为此感到愧疚，找个你信任的人作帮手吧。

给她过生日。让她感觉这一天与众不同。邀请她的"玩具朋友"们参加。吃她送到你嘴边的蛋糕。

你一直无条件地爱着她，永远不要让她怀疑这一点。

把她的手工作品小心翼翼地挂在墙上，就像对待其他珍贵的油画一样。

只要是她力所能及的事情，请不要为她代劳。你要有这个决心。这样做对你们两个都好。

睡前故事是每天结束前必不可少的环节。读你童年时的经典，也读她最爱的故事。

观察她和玩具娃娃讲话的方式。你将知道自己是如何和她讲话的。

在你眼里，她是个善良的小孩，但鼓励她要更善良一点。

忙碌的家庭主妇也需要闲暇的时光。享受这一刻，深呼吸。她会看到，妈妈也会坐在地板上，彻底放松。

告诉她，她能成为自己想成为的人，但不要问她究竟为什么想成为一名演员、医生、女兵或家庭主妇。

在她的午餐便当盒里放一张爱心纸条。如果她还不识字，那就画出你的爱心吧。

观察她周围的大孩子穿什么衣服，大女孩往往是她眼中的时装模特。

珍惜那些她抬起头看着你说"妈妈，我爱你"的日子。

让她知道，即使只有4岁，烦人的一天也会因一场泡泡浴而变得轻松起来。

不要因为你和母亲关系不好，就担心自己和女儿之间也会出现同样的问题。其实，你比任何人都明白问题出在哪里，更知道该如何改正。

打开音响，跟着节奏和她一起跳舞。

给她摔倒的机会，也给她自己站起来的机会。让她培养决心，并相信自己的能力。

她自行车的辅助轮总有一天要拆掉。这一天什么时候到来，只有她自己最清楚。她一生中将经历很多次这样的时刻。

不要以为把一切打理得很完美就能避免冲突、泪水、指责和情绪发泄，但也不要因此而责备自己，其实你已经做得很好了。

她的玩具不要太单一，也给她买一些男孩的玩具，比如工具箱、化学实验套装、积木、汽车模型和棒球手套。

让每一天的晚餐都变成无比神圣的时刻。每个人都会到场，每个人都能畅所欲言，每个人的话语都会被听到。

周末了，你可以抱一大桶爆米花，和她一起坐下来，看第 63 遍《灰姑娘的故事》。

同女儿分享你和母亲、祖母的故事。女孩最擅长传递和继承这份家族情结。

陪她挑选布料，和她一起为心爱的玩具娃娃缝一套新衣。

夸赞她要有技巧。你的称赞应该更具体一点，否则那句赞美将变成一句空话。

在花园里分给她一小片地，让她栽种向日葵、南瓜或西红柿。看着自己种下的植物一天天长大、开花、结果，并最终品尝到它们的味道，将是她最大的乐趣。

你会经常为她成长中的变化感到惊喜，尽管你和她一起经历了其中的每个阶段。

和她一起去野餐，随便去哪里，哪怕在自家后花园里也可以。

带她去图书馆，她将发现那里的惊喜与美妙。

和她一起做圣代冰激凌，冰冻酸奶也是一个不错的选择。

每个女孩都需要有一个属于自己的百宝箱，里面有漂亮的服饰配件、公主珠宝和新潮杂货，她和伙伴们会非常喜爱它们。

就算她有点婴儿肥，也别允许爸爸说她胖。

教她爬树和从树上下来；教她玩双杠；教她用力击球——让她知道自己很强壮。

和她一起写诗，并把写好的作品收藏起来。多年过后，你们会喜欢读这些文字。

开始上学了，她需要知道酒和毒品是危险的。她首先需要从你口中听到这些信息。

带她去看海，这将是一场神奇的发现之旅。

允许她涂你的唇膏，戴你的耳环，穿着你的高跟鞋摇摇摆摆地走来走去。

教她礼仪。让她按照要求去做，哪怕她还不到 7 岁。

当你出差或旅游时，给她寄明信片。别小瞧这薄薄的一张纸，对她来说，那可是个不小的惊喜。

每一天，教她带着全新的眼光看待这个世界。

如果她想玩电脑，不要拒绝她的请求。处理得当，她将永远不会被它所控制。

不要成为她的经纪人。让她打理自己的一切，这将让她一生受益。

带她去你工作的地方，让她知道你在干什么。让她帮你的忙，她会感觉自己很重要。

你要常常记得，她时刻在看着你：你如何打理生活，如何照顾家人，你的信仰是什么。

写关于她的日志。等她 18 岁的时候，把日志交给她。

永远不要让她成为你发泄怨气的替罪羊，更不要让她觉得自己是惹你生气的原因，除非她真的是。

赞扬她的能力和成绩，而非她的外表。

不要以为孩子上学了，你的生活节奏会因此慢下来，和学校、老师的来往将成为你生活的一部分。

如果你现在就坦诚地和女儿交流，等她长到十几岁的时候，你们的交流将不是什么难事。

女孩的强项通常是阅读和语言表达，但也可以让她接触字谜、智力测验和战略性游戏，比如国际象棋。

在家里定一条规矩：不许抱怨。

当她 7 岁的时候，她会注意到别人有什么，但要教她更多地关注别人是什么样的人。

让她做好准备，接受来自学校同伴的压力，因为这可能会来得很快。

有人说，8 岁的小孩该开始穿衣打扮了——穿短裙、涂口红。千万别信那一套！

开始教她滑旱冰、滑雪。她能和那些男孩子一样出色。

记住这一点：女孩子永远会把"公平"二字记在心头，她们脑袋里 24 小时都装着计算器。

给她买一个带锁的日记本。

你最重要的工作之一就是让她认识自己，帮她定义自己是谁。

记得告诉她：她是个美丽的女孩，从心灵到外表。

把她正在识记的词语贴在冰箱门上，并在你们交谈的时候使用它们。

和她一起做心形的煎饼，并在上面涂上水果酱。面糊、奶油和水果会弄得哪儿都是，但她会很享受这个过程。

记住，在面临危机的时候，如果妈妈信任她，并站在她的身旁，那么她日后一定能自己站起来，独立面对困难。

要出席特定的场合时，带她去买漂亮、特别的衣服。

带她去远足。在池塘边和草坪上发现新事物。坐在星空下，指给她看天上的星座。让她爱上大自然。

教她写致谢信，表达对某些人、某些事的感谢。

每年都要有一次特别的家庭聚会，全家人都精心打扮，享受欢乐。

别急，她还是个小女孩儿，让她享受这个过程。做小女人现在还早着呢。

教她学会不夸大事实。

你会发现，和女儿玩耍、交谈甚至比打扫房间、做晚饭更重要。

在她表演结束时，送给她一束鲜花。

要当心，你11岁的宝贝女儿可能会变得很爱嫉妒，不仅嫉妒别的女孩，也嫉妒一些男孩子。

鼓励她不断尝试新的事物，她的自信心将会逐渐增强。她有时会成功，有时会受挫。成功和失败都是她最好的老师。

告诉女儿，即使妈妈和她有时会因意见不合而吵嘴，但妈妈是永远爱她的，在任何情况下都是。

请珍惜她黏着你的每一分每一秒，因为倒计时已经开始了。

跌跌撞撞的青春期

Awkward Years

一个残酷的事实是：当她的青春期到来的时候，你离更年期也不远了。但要保持一颗平常心。

做好心理准备：那个最可爱、最听话的小甜心可能魔法般地变身成一个爱生气、闷闷不乐、不想和家庭有任何瓜葛的"小怪物"。

她可能会比同龄的男孩高几厘米，这是正常的。他们会赶上她的。

接受这样的事实：这一分钟她可能会撒娇黏着你，下一分钟则可能会一把将你推开。

现在，有人陪你去看女性电影了，唠叨没完的老爸被撇在家里了。

鼓励她花时间和祖母在一起。她们会相处得很好。

告诉她，香水不是用来熏走吃早饭的家人的。

和她一起参加读书俱乐部，各自为对方挑选一本书。

给她犯错的机会，趁现在犯错的代价还不算太高。

当她上初中的时候，她可能不愿和你分享心里的一切。接受这个事实，其实她脑袋里装的东西你也没有兴趣全都知道。

帮她找到自己的强项，提高她的弱项。

尽早执行这三项规矩：不许翻白眼，不许摔门，互相尊重。

让她尊重老师，这样她才能被公平地对待。老师掌控着很多奖励、荣誉和推荐名额。

和她相处时，不要只做一些你喜欢的事情，还要做一些让她感兴趣的事情。

女孩的独立性是从头发开始的。学着欣赏她的新发型。

在和她的同一次交谈中，你既能感到自己是最棒的老妈，也能感到自己让她失望了。

保证她和爸爸有足够多的时间相处。他们都需要彼此。

提醒她：你们两个中没有一个人会永远正确，但你永远是妈妈。

和她做一些女孩爱做的事情——涂指甲、大笑、捧着爆米花看电影。

你开始担心她可能将不再属于你，但请坚持做个好妈妈，给她最好的支持和建议，面对她的成长，保持平常心。她将离开你独自去闯世界这个事实，谁也无法阻止。

鼓励她在面对欺凌时，不要退缩。

教她不要因为担心自己做得不好，就不敢去尝试。

问她希望自己的卧室是什么颜色的。然后花上整个周末，和她一起刷墙。

不要让她的情绪主宰整个家庭，否则所有的家人将因此失去理智。

当女儿念中学的时候，你就能看出老天给了女儿一个什么样的头脑。当然，如果她好好使用它的话。

鼓励她每天做一件好事。

要淡定！即使是特蕾莎修女也会被一个中学生女儿搞得疯掉。

如果她一时丧失了勇气，帮她找回来。

去她的学校当志愿者——为话剧演出布置场景、为墙报画画、整理图书馆书架，这是参与女儿生活最有效的方法。

有时，青春期的女孩子行事风格会很刻薄。如果女儿受伤了，记得在她身旁开导她。

开车带她出去时，允许她掌控汽车收音机，即使那音乐让你很难受。尽量不要去评价她挑选的音乐，试着去欣赏它。

昔日的"假小子"生的女儿却是个乖乖女，同样的道理，乖乖女养的女儿也许是个"假小子"。

她有时会把自己锁在房间里长时间不出来。尊重她的隐私，也向爸爸解释这一点。

即使是最牢固的母女关系也会遭遇孩子叛逆期的挑战，拥抱她，为她祈祷，你的乖女儿会回来的。

提醒她：沉默寡言的女孩只能吸引那些"闷葫芦"男孩。

记住这点：如果她的房间里没有电脑或电视，她学习和睡觉时都将免于很多干扰。

做她们的司机也有好处：后座的女生们说个不停，谈话内容无所不包。你将知道她们脑袋瓜儿里装的什么。

有时，当语言失效时，一个小纸条或幽默的卡片也能提醒她妈妈有多关心她。

告诉她：真正聪明的女孩更愿意去倾听，并且知道什么时候该开口讲话。

不要心存怨恨，那么做等于是对她做错误的示范。

千万不要错误地以为：如果你能为她多做一点，她将因此变得无比快乐。

教她如何友善地表达反对意见。这会让她受益终生。

在她这个年龄，你不可能完全掌握她的行踪——她去哪儿了，和谁在一起，做些什么，什么时候回家……

为她最关心的事物立下规矩——电话、跳舞、朋友。如果是以爱的名义，这些纪律将不会显得那么无情。

上中学意味着无尽的竞争——朋友、人气、分数、服装,她承担着很大的压力,你要理解她。

不要让她以为"随便"也是一种谈话方式。

别忘了,你对她来说也是一个谜,就像她对你一样。

很多女孩都喜欢在妈妈身上发泄自己的挫败感,温柔地告诉她,你不喜欢她这样做。

教她如何穿高跟鞋走路而又不会摔倒。

给她拍照片,即使当时她并不乐意配合。她日后会欣慰你这样做了。

坚持带她参加家庭传统活动,让她乐在其中。

记住,她最少需要8小时的睡眠。规定熄灯时间,并强制执行。

试着在一天里不批评她或纠正她。

让她志愿参加社区活动，你这样做的私心可能
是：让她把注意力从自己身上移开。

接受这样的事实：你做的一切都可能让你的女儿
在朋友面前感到尴尬，尤其在你想做一个好家长的时
候。

握住她的手，看着她的眼睛，告诉她："你就是我
一直梦想拥有的女儿。"

家有美女初长成

Girls & Beauty

　　有些父母认为，护唇膏就是化妆品；而有些人则会认为，口红和指甲油才算。

　　让她相信自己的美丽不依赖于化妆品或鲜艳的头发。

　　她想穿什么样的内衣，随她去吧，即使那可能并不符合你的品位。

　　给她看你当年穿着奇装异服、留着怪异发型、戴着墨镜的照片，当然，她是否欣赏那就另当别论了。

　　鼓励她穿自己喜欢的衣服，别太把时尚教条当回事。

　　鼓励她真诚地赞美别的女孩的衣服。

　　如果她不觉得自己的短裙或热裤的长度有什么问题，建议她在父亲面前展示一下。

当她看到杂志上完美的明星时，为她指点迷津，告诉她那是 PS、外科手术和化妆师联手打造的杰作。

让她明白，需要做脚部手术才能穿进去的鞋子不是好鞋子。

教她如何把从小店淘来的衣服穿出大牌范儿。这有一天将成为一种生存技能。

如果你发现自己衣柜里的衣服不见了，深感意外的同时你会感到高兴，因为知道这些衣服一定是因为很酷才被她借走的。

教她明白，时尚的真正秘诀在于姿态和举止、语调和口才、礼仪和风格，而这些秘诀都是能够掌握的。

如果她出现了皮肤问题，不要犹豫，早点带她去看皮肤科医生。

你将发现，不管女儿穿什么，你老公都会问：你觉得她穿成那样合适吗？

做好准备：她会和别的女孩比较穿衣，她会想成为她们，而不想独树一帜。

她脸上可能会长痘痘，头发可能有点自来卷，她可能需要戴上厚厚的近视眼镜。但你要让她相信：自己的美是独一无二的。

告诫她：不要偷商店里的东西，犯法的事情别去尝试。

去她喜欢的商店参观，你将真正理解代沟的存在确有其事。她已经能和朋友逛商场了，但要确保她带着手机。

当她开始独立购物时，告诉她：妈妈保留最后的评价权。准备迎接她满载而归吧。

接受这样的事实：女儿可能天生是个时尚达人，她的眼光就是比你好。

只要有活动要参加，她就会邀请你去买衣服。享受这个过程吧！

考虑给她一张信用卡，让她买自己最喜欢的东西，但得设定一个每月限额，超出的部分让她自己挣钱还。

向她解释，骨感的身材和鲜艳的头发不是衡量美的标准，源于内在的美才是真正的美。

当她告诉你，你的发型不好看，衣服很老土，鞋子应该被淘汰时，她在试图让你变成 16 岁，千万别听她的。

告诉她，即使穿着晚会礼服，她也可以踢掉高跟鞋，光着脚丫走路。这样做难道不酷吗？

女儿的姐妹淘

Girls & Other Girls

通过你，她将学会如何相信别的女人。

告诉女儿，她自己是谁、应该成为谁。

鼓励她结识新的朋友，让她通过不同的渠道，如学校、运动会、社区等认识不同背景的朋友。

告诉她：虚荣的女孩可能会在一段时间里很受欢迎，但她永远不应该成为那样的女孩。

如果她被身边的同学、朋友孤立，就多花时间和她在一起，陪她过周末，参加活动，去旅行。

告诉她："如果一个女孩对你说'如果你告诉她，我就不和你做朋友'，这个女孩永远不会成为你真正的朋友。"

跟她谈谈你的高中同学聚会，告诉她现在最成功、最幸福的人当年在学校里都很默默无闻。

告诉她："一个真正的朋友是一个能和你分享成功并由衷为你高兴的人。"

告诉她，一个人的品德不是由财富、相貌或人气决定的，善良却能为它加分。

面对她身边那些坏女孩时，千万别失去理智给她的家长、校长或老师打电话揭发她们的不良行为。否则，你的女儿会因此不和你说话。

把你们的家打造成女孩们聚会的场所，准备一些零食、饮料、电影。让她和朋友们知道，她们在这里永远都很受欢迎。

教她如何和别的女孩相处，这将成为她受用一生的智慧。

她有时可能不太想和你说太多，但她与朋友却往往有说不完的悄悄话。

告诉她，善良的人永远不会被人忘记。

情窦初开

Girls & Boys

告诉她你为什么和她爸爸结婚，和她讲你们的故事。

和她分享你的价值观和道德观，以及你对她男朋友的期待。如果等到她上大学时再跟她讲，那就太晚了。

她可能随时随地和你谈起男孩的话题，比如在回家的路上。这时，不要退缩，和她对话。

读懂她的语言，她口中的"约会"可能仅仅指在课堂上和男孩讲悄悄话。

你需要随时为她指点迷津，告诉她一些事实和道理，因为这时的"小女朋友"往往对自己和所处的关系满脑子雾水。

记住这一点：一个 14 岁的女孩能想出一切办法来吸引一个 14 岁的男生。

只要她愿意告诉你所有的事，你就要用心倾听。在这个年龄段，秘密越少越好。

告诉她："如果你通过穿一些奇装异服来吸引男孩子的注意，那他们注意了以后，接下来你要怎么做呢？"

就算女儿没有男朋友，也不要因此烦恼难眠。你有你的生活。

告诉她：如果一个男人背叛了一个女人，那这个男人就一文不值。

千万不要仅凭一个男孩的外表就下结论，试着多了解他。

告诉她男人应该如何对待女人。当男人对她不好的时候，她将懂得拒绝、不要一味忍受。

警告她网上交友的风险。她应该知道不能泄露自己的真实信息，更不能仅凭字面意思匆忙下结论。

不要强迫她和某个"高富帅"男孩交往。

用最温柔的语言告诉她的约会对象：如果他能把你的女儿快乐而又安然无恙地按时送回家，你将非常感激。

不要对她的任何一个男朋友有强烈的好感，因为她可能会喜新厌旧。

鼓励她带男朋友回家吃饭。

当他们关系刚刚开始确立的时候，让她决定自己的底限是什么，因为如果关系发展到一定阶段，她可能就忘记了自己有什么底限。

向她解释：男人总喜欢给女人建议，这不是他们的错，而是由基因决定的。

不要干涉她的感情生活，更不要给一个陌生男孩你女儿的电话号码。

提醒她，名声很容易受损，并将与自己的生活如影随形。

当处理一些严肃的话题时，让爸爸参与进来。

如果一个男孩伤了她的心，你会发现，自己的心也破碎了。

业余爱好

Girls & Extracurricular Activities

　　早点开发她对体育活动的兴趣，即使你很少参与这方面的活动。

　　今非昔比，她参与的每一样活动都比你当年更有竞争性。

　　鼓励她尝试不同的活动，但在她决心投入精力以前，不要浪费太多的钱。

　　和她一块打篮球、羽毛球，尽管你的球技很差。

　　关于请家庭教师，你要知道以下三点：（1）这将花费不少钱；（2）很多别的孩子有家庭教师；（3）你女儿坚持不了几年。

　　不要把你的梦想和她的混为一谈，她可能并不想成为啦啦队队员。

　　如果你熟悉这项运动，那就当她的教练；如果你对此一窍不通，不妨在一旁当个忠实的观众。

如果你很擅长某一项运动，那你在她眼里一定是个很酷的妈妈。

青春期的孩子会按照各自参加的项目来定义彼此，比如："她参加合唱团了；她是个体操队员；她在学马术。"

有比赛就会有失败。如果她输了比赛后你比她还难过，那你是在帮倒忙。

当她尝试有难度的运动时，保持镇静。她不能在担心表演的同时还担心你。

如果她失败了，不要给她一场说教，而要给她一个爱的拥抱。

即使练了那么多年的钢琴，她依然有可能在高中时把这个爱好完全抛弃。不管你投入多大的心血和物力，都随时做好这样的心理准备。让她健康、有活力、优雅地成长，比一切都来得重要。

文体活动是她生活的一部分，但不是全部，学业永远是第一位的。

和一些个性强的孩子打球时，他们可能不讲情面，有时甚至是残酷的，就像生活一样，她必须学着独立面对。

确保教练了解她的情况后，去场外做个观众，让孩子自己来。

教她赢得光荣，输得优雅。

购物达人

Girls & Money

她提出的要求很多，但你不应该全部满足她。你要记住她真正需要的是食物、衣服、住所和爱，保证她拥有这些，而其他的都是非必需品。练习她延迟满足感的能力。

教她为支出做好预算，即使她每周的零花钱不过是 20 块钱。

告诉她，如果她向朋友放高利贷，那她可能赔了钱又没了朋友。

带她去商店购物或外出用餐时，通过付钱找零来练习她算术的能力和花钱的技巧。

教她学会买特价和打折商品。

教她与卖家讨价还价。她以后将用这种能力和技巧来买车、买房，甚至是向老板提出加薪。

鼓励她根据个人爱好在暑期做兼职，比如在照相馆、服装店打工。她能挣到第一笔工资，也能真正体验这段经历。

给她看大学开支一览表，让她知道奖学金对减轻家庭负担来说有多么重要。

教她花钱的智慧，让她知道花的比挣的多会有怎样的危险。

如果她说身边的朋友都背 2000 元的名牌包，而她自己也想要一个，就笑着递给她看报纸上的招聘广告。

提醒她比应花的要少花一点，比应挣的要多挣一点。

帮她开一个基金账户。现在开始学理财，一点儿都不算早。

告诉她：永远不要害怕面对或处理经济危机。

望女成凤

Girls & Success

如果你对女儿寄予厚望，那你必须对自己也有很高的期待，只有这样你的愿望才能实现。

让她理解什么是成功，成功意味着什么。你和女儿都应该知道答案。

你能做的只是为她创造机会，而剩下的则要靠她自己。

提醒她：通往成功的路上必须有队友为伴。

让她理解：生活中不能控制的东西很多，而她唯一能控制的是自己的想法。

教她对话的艺术，这将带她到达世界的各个角落。

告诉她第一印象是多么重要，同时又是多么具有欺骗性。

永远不要小瞧她的成功，也不要批评她的失败。

在女儿成长的过程中，不断给她尝试的机会。虽然她会犯错误，但有时你会发现，即使是那些错误也会令你难忘。

告诉她：热情也是一种天赋，每个人都可以拥有它。

让她知道：成功不需要以残忍为代价；善良、有同情心的人一样可以成功。

让她明白：一个有着健康心态的女人是自由的、独立的。

她有时会抱怨生活的不公。告诉她：生活的公平不是唾手可得的，挫折也是生活的礼物，生活永远是公平的。

教她争取自己想要的事物，并坦然接受最终的结果。

比赛会输，竞选会失败，这都是无法避免的。不要因为一点点挫折就让她退出，让她锻炼出举重若轻、能进能退的心态。

告诉她，从哪里开始并不重要，最后的结果才最重要。

她已经成年，让她知道，她是小女孩眼中的榜样。

永远不要忘记，阻碍她成功的最大障碍可能是你口中太多的批评和不认可。

告诉她：愿意为自己的生活负责，是区分女孩和女人的标准。

鼓励她智慧地做出每一个决定。因为一个小小的决定往往能产生重大的影响。

教她学会感恩。每一天、每个人、每一次经历都是生命的礼物。

让她明白，生命赋予每个人不同的礼物、不同的天赋，关键是如何使用它们。

让她知道，她的生命在生活中扮演着平凡而又非凡的角色。

让她懂得无条件地付出爱，让她看到你正是这样做的——无条件地付出自己的一切，不仅仅是金钱，还有你的时间、耐心和爱。

教她尊重自己的对手，并祝福他们。

让家里充满温暖、爱和喜悦，你将发现，它们也充满了她和朋友们的心窝。

让她知道，生活中很多复杂的问题并没有简单的答案。

让她明白，命运自有安排，这安排或许不能让她满意，但却能让她成长。

女儿长大了

Older Grils

做好准备，除了男孩子，她还可能带女孩子回家。你会发现，相比之下，还是那些男孩子更讨人喜欢。

如果你的忠告令她窒息，不妨换成爱。

当她郁闷时，不要给她电视遥控器，而要把她揪起来，让她参与到这个世界中来。

教她在面对侮辱时，要高贵地回应。

如果她准备自己开车，就定几条铁律：系安全带，不喝酒。

如果有必要，告诫她：一时的冲动会让一辆车成为一堆废铁。

告诉她永远不要和醉鬼（不管男孩还是女孩）坐一辆车。她随时可以打电话叫你去接她，而你保证不会问任何问题。

女孩天生喜欢幻想。有时，她觉得自己是万人迷，或者是舞会皇后，可在你看来，她只是想得太多。把她拉回现实。

要知道，她有时并不能理解自己为什么不能熬夜到 2 点、和坏男孩约会或者搬出去住。

不要用"我只想让她幸福"的话来欺骗自己了，她眼中的幸福可能仅仅是翘课或 K 歌。适当的管教有时也是有必要的。

教她用螺丝刀、换灯泡。这些日常生活中的小问题，她将不需要依赖男人就可以搞定。

和她一起参加健身俱乐部。你可能需要这些健身项目，她可能仅仅需要些时间和你在一起。

她生活中似乎总有没完没了的问题，究竟该怎么处理呢？你帮她的最好办法就是聆听。

你可以底气十足地用她往日对你说的话来回应她，这算是一次完美的反击吗？

她可能足够聪明到能同时辅修五门课程，却没有足够的时间和精力来完成。让她明白一个人的能力是有限度的。

不要忘记，一个有自信的女孩永远知道妈妈的反应。

告诉她：如果她对自己没自信，别人也会对她没信心。

教她识别身边的危险："如果你心跳加速，感到莫名的恐惧，听从这种直觉，迅速离开那个地方。"

她有时会伤你的心，但请真诚地接受她的道歉。

你要理解：她有时会吵、会闹、会烦，有时却只想和妈妈说说知心话。

有时，她只需要你在身边。话语已经不重要了。

告诉她：和比自己聪明的人交朋友是明智的。

鼓励她去旅行。

送她几本好书。

警告她少和那些喜欢消磨时间的人一起厮混，那样做她会白白消磨掉青春。

告诫她：袒露自己的心声时，要慎选听众。

真心地明白：在她上大学这段时间，你和她相处的时间会很少，你们的谈话主要是在电话里进行的。

如果有争执，鼓励她在几分钟内解决，而不要拖上几个星期。

如果她在男朋友和奖学金之间犹豫不决，鼓励她选择奖学金。

告诉她："你不需要做得比男人好，只需要做真实的女人、更好的自己。"

提醒她：生活中如果没有冒险，那它就不是精彩的人生。

当她准备好了，送她走入社会……别忘了让她带上奶奶的菜谱。

提醒她："损者三友，益者三友。身边有什么样的朋友，你就会有什么样的人生。"

她有时无法用言语或行为来表达对你的爱，但她真的很爱你。

在她想要放弃一个梦想、一份工作或一个男人之前，提醒她要想清楚。

记住：女孩再大有时也需要妈妈的陪伴。

她会有几位信赖的导师，并和他们无所不谈。不要嫉妒他们，而要心怀感激。

在她离开家以后，不要让她因为少打电话或少回家而感到自责。

告诉她，她给你的生活带来了多大的喜悦。

最后，

放开手，让她走。

第二部分
爸爸给女儿的爱

做女儿的英雄

养育女儿需要两个人的配合：妈妈教女儿如何做女人；爸爸教女儿如何独立。

爸爸让女儿勇敢，让她不畏惧生活；爸爸要让女儿感到美丽；爸爸让女儿把生活当成一次冒险，并享受这个过程；爸爸让女儿感到安全、有自信。

爸爸和女儿之间的关系很特别，但说起来也很简单：女儿会爱着爸爸，并永远信任他。

因为爸爸是她的第一个爱人，第一位英雄，生命中的第一个男人。

好爸爸的五个关键

1. 时刻参与她的生活。

2. 尊重她的妈妈。

3. 珍惜和她在一起的每个时刻。

4. 每天为她祈祷。

5. 做她的英雄。

这些年，妙不可言

The Wonder Years

看着你的女儿，她只有 7 天大，但她会长大，会和别的女孩一样漂亮，会长成一个有魅力的女人。作为她的爸爸，你改变不了这一点。看着她一点点长大吧。

有时，她会在你毫无防备的时候打动你，让你的心融化。

融入她的生活。别等到她 15 岁才想起来培养父女关系。

没错，她看起来很可爱，可她的尿布一点儿也不比男孩子的好收拾。

下班回家，尽可能多抱抱她。这对你们两人都好。

抱着她摇晃时，唱歌给她听。在午夜一点，这未尝不是一种打发时间的好方法。

多给她拍些照片，小家伙每天都在变化。

从一开始就告诉她："你能做成任何事。"

当她还是一个小 baby 时，让她趴在你的肚皮上睡觉。你们的世界很温馨。

没错，她是个小女孩，但她哭起来时和任何一个小男孩嗓门一样大。小宝贝，你是饿了、困了，还是不高兴了呢？

让她融入你的生活——看你刮胡子、工作、阅读、休息。她喜欢和你在一起，不管你在做什么。享受这个过程。

记住她的样子——她的小脸蛋、大眼睛、小脚丫；同样，她也在记忆关于你的一切。

一遍遍地对她说"爸爸"，你不知道哪天她就会甜甜地叫你一声"爸爸"。

给她洗澡，别把这活儿丢给妈妈一个人。你会喜欢上这项活动的。看！小家伙要撒欢儿了。

别把抱她当成一种负担，珍惜这个过程，因为你不可能一辈子这样抱着她，总有一天她要学会自己走路。

如果你冲儿子吼，不让他玩墙上的插座，他可能会跺脚或者照样玩下去，但女孩却会大哭。

当她开始对你咿呀学语时，你要对她说"好""行"，因为过了这段时间，你就要开始不停地对她说"别""不行"了。

妈妈可能开始准备教她做小饼干了，你也有你的拿手好戏：教她把饼干泡进牛奶里。

小家伙开始学走路了，要知道，所有她够得到的东西都会不翼而飞。所以，为你的钱包、钥匙和遥控器找个安全点的地方吧。

尽管不知道她为何喜欢玩布娃娃，但你却不知不觉给她买了一个又一个。

教她数数。数手指头，数巧克力豆、蒲公英、萤火虫。

一个情感、身体和心理上健康成长的女孩需要一个充满爱的成长环境。尽你所能把你的家庭变得更加温馨、和谐。

你家养狗吗？在晚餐时间，让它待在女儿的高脚椅下面。女儿撒落的饭菜屑会成为它的食物来源，狗狗则是她好奇的焦点。

从现在开始，为她的大学学费存钱。

准备好陪她看 200 遍迪士尼动画片。

逗她笑，和她玩，让她骑在你肩上，一边走一边说"驾……驾……"。

她和妈妈在一起的场面，永远值得你观看。

当她毫无原因地走到你跟前，搂着你时，珍惜这样的时刻。如果你有冲动把全世界买下来给她时，克制一下。

妈妈总能猜透小女孩的心思，她们简直是心有灵犀，而你却丈二和尚摸不着头脑。

如果你在她学会说话以前带她乘飞机，她很可能会在两个半小时的旅程中不停吵闹。

鼓励她试一试光着脚走路的感觉。

永远不要取笑她，永远。

你的人格魅力将影响并塑造她的性格，从一开始就要知道这一点；而在你塑造她的同时，她也在改变你。

如果你带她去看电影，可能会带回来三四个她喜欢的毛绒玩具。当其他男孩子的爸爸诧异地看着你时，你要表现得这一切都理所应当。

带她去商店，但一定要克制想买下整个商店的冲动。

永远记住：男孩子做的任何事，她都能做成。

有机会的话，给她梳梳头。她会很喜欢。

不要忘记这点：有父亲支持和鼓励的女孩往往有很强的自信和自尊。

读书给她听。过不了多久，她就能读书给你听了。

为她的娃娃和动物朋友们准备一个柜子或架子。听她讲其中每个人物／动物的故事。

当她有了第一个钱包，给她一张你们的合影。她总会随身携带你们的照片，这是不是也是一种幸福？

举办一场家庭茶话会。不管她递给你什么，你都要吃，并要告诉她：味道很棒！

带她去动物园。她会喜欢大象、猴子、熊猫，还有那些能抚摸的小羊、小兔子。

鼓励她和男孩子一起玩。

和她一起玩传接球，即便球是粉色的。

经常和她讨论这个话题："你长大了想做什么？"慢慢地让她相信，一切都是可能的。

不要纵容她发脾气。现在不，以后也不。你的家庭会更加安静和谐。

看电视要适当限制，除非你想让灰太狼教她怎么成长。

和她一起跳舞。永远别以为女儿太小不合适做你的舞伴。

记住：如果小女孩不睡午觉，她可能会变得歇斯底里。

给她穿上雨鞋，带她去踩雨水坑。她会觉得很好玩。

小女孩很喜欢坐自动扶梯，但要紧紧握着她的手。

每一年，给她做一张情人节卡片。

带她骑旋转木马。

一起躺在草地上，看天上的流云变换。这是一种接近自然最好方式。

就算工作再忙，也要准时回家吃晚饭。对家人来说这很重要。

两岁半时，她就可以学骑自行车了。她准备好了，那你呢？

当你准备摘掉她的自行车辅助轮时，给她准备好护膝、护肘和头盔，这能省掉很多眼泪和伤疤。

每一天，问她这一天过得怎么样。分享她心中的梦幻。

为她保守秘密。她会学着信任男人。

有时，你会感慨：女孩真爱哭。

为她准备一份生日礼物。

带她去树林里散步。教她记住来回的路。

让她做你的老师，教你她在学校里学到的一切，教你唱她最喜欢的歌，教你烤饼干、给芭比娃娃梳头。

教她玩扑克牌。

在她害怕或生病时，不要因为心疼她而让她睡你们的床上。独立性要从小培养。你可以坐在她旁边，看着她入睡。

教她不要怕那些男孩子，而要挑战他们。

等她足够大时，让她去学空手道。与其说这是在帮她的忙，不如说是在帮你的忙。

和她一起种花，即使你家的花园仅有阳台那么大。

当她第一次在祖母家过夜时，如果她半夜 3 点打电话叫你去接她回家，不要惊讶——她想念你们，这是一件多么有意思的事情啊。

她会喜欢一些小狗小猫小花小草。这可能在你看来一点意义也没有，但请保持微笑。

如果有别的女孩或男孩让你女儿伤心，你会有很强烈的冲动去找他们理论。控制好自己，这种冲动随着女儿的长大只会逐渐增强，而不会减弱。

教她爬树，也教她如何爬下来。

经常鼓励她。让她相信，你爱她原本的样子。如果你经常对她这样说，她将有可能伴随着这句话度过青春期。

做个会讲故事的老爸。编一些故事，睡前讲给她听。这能很好地锻炼她的想象力。

要记住：小妹妹总是崇拜大姐姐、大哥哥，把他们当成偶像，跟在他们身后，惹他们烦。这真的不是谁的错。

告诉她怎么打报警电话、什么时候打。

再提醒自己一次：不要什么都买给她。你想让你家破产吗？

现在就要开始学着读懂她的情绪。有一天，她可能不再对你无话不谈。

给她买些男孩的玩具，比如化学实验室套装。

参与她的学生生活，参加家长会，与她的老师交流，了解她在学校做了什么。

在她小的时候，鼓励她尝试新的事物。等长大了，她会更愿意这么做。

教她为真实的自己感到骄傲。

给她一个惊喜：带着爱心便当或热腾腾的比萨，突然在午餐时间出现在她学校里。

永远尊重她的隐私，以及尊严。

不要打探她和妈妈之间的悄悄话。当她们想让你参与时，她们会告诉你的。

读故事给她听，这会成为一种好习惯。

你越早给她买电脑，她会越早把使用电脑变成自己的第二天性。

不仅在课堂上，也在生活中启发她对数学和科学的兴趣。

早点让她明白毒品和酒精的坏处。这样才能避免她通过别人认识它们。

永远不要当着她的面和她妈妈争吵。这很难，但你可以选择走开。

鼓励她相信自己的直觉，尤其是某些人或某个地方让她感到害怕的时候。

记住：这个社会每天 24 小时都在向她灌输各类价值观，你要坚持教给她你的价值观。

坚持你的态度：上大学之前，不许她化妆。

永远不允许她粗鲁地回应你或她的妈妈，也不允许她这样对待任何人。

教她耐心、善良和宽容。如果你现在不教，很多年后你会后悔。

把她的图画作品在你的办公室里展示。这些好东西不能都贴在冰箱门上吧?

鼓励她真诚地赞美别人。

和她一起吃早餐,这能鼓励她每天准时出现在饭桌上。

告诉她:行动比话语更响亮,尖叫在很多时候都并不能产生效果。

永远不要嘲笑她的梦想。

教她尊重自己,尊重他人,对自己的行为负责。

提醒她:如果发现自己犯错了,要及时改正。

让她花一些时间和自己相处。

教她读懂书中字里行间的意思，别意外，她可能天生比你更擅长。

和她分享你的知识，但要有个限度。

让她永远不要忘记你爱她，哪怕在你冲她发火的时候。

提醒她：当有人恭维她的时候，千万别打断人家。

每年至少一次带她去野外看看，去一些从未去过的地方。这能培养她的冒险精神。

不要错过她的表演、合唱和舞台剧。等她毕业了，你想看都没机会了。

鼓励她友善待人，哪怕面对的是一个人见人厌的坏女孩。

保证她 24 小时都能随时找到你。

和她分享自己犯过的错误，并告诉她自己是如何跟人道歉的。

在 10 岁以前，她需要一个强烈的自我认知。爸爸的爱能让她更加相信自己。

那些年，神秘莫测

The Mystery Years

这个脾气古怪的女孩是谁？陪你度过 10 年时光的小天使忽然有一天消失不见了。别担心，她会回来的。

十几岁的小姑娘每天会花很长时间待在自己的房间里，对此你永远都搞不明白。

很多时候，她并不知道自己到底想要什么。你的任务是和她一起弄明白。

当她开始发育，身体上出现变化时，表现出父亲应有的关爱。同时，为她健康长大，成为一个成熟的女孩子而高兴！

坚持让她按时睡觉。女孩在这个时期比小婴儿更需要睡眠。

千万不要在她房间里装电话，哪怕她苦苦哀求，否则她可能一整夜都在煲电话粥。

把体重秤扔到一边。青春期体重增加是完全正常的。你只需要跟她强调健康饮食、充足睡眠和锻炼身体的重要性。

告诉她穿背带裤的样子很漂亮，如果有，向她展示一张你穿着背带裤的照片。

认识她的朋友，了解他们的想法。同龄人之间的影响力是巨大的。

请记住：游戏规则已经改变。现在的女孩可以在数学、篮球、电脑、政治、游泳、机械等任何一方面有出色的成就，别阻挡她去尝试。

提醒她：父亲和女儿之间最珍贵的情感是信任。

每月保证至少有一次家庭出游或家庭聚会。

试着听她爱听的音乐，但不要妄加评断。想当年，自己听的音乐也常被父母抨击，不是吗？

经常和她聊天，聊聊爱情、同龄人之间的压力等，你不知道什么时候她就听进去了。

告诫她：对别人说三道四，你就会失掉自己的灵魂。

永远不要低估了她的智商以及情商。

做好心理准备：有一天，她可能当着你的面说她恨妈妈。你要坚决地告诫她："对妈妈要尊重。"

让她做一部分家务活，这是联系她和家庭生活的重要纽带。

教她不要仅凭衣服上的商标来评价一个人。

这个年龄的女孩不太会表达自己真正想要什么。其实，她真正需要的不过是一对爱自己的父母罢了。

不要把男孩和女孩区别对待，也不要给她太多的限制。

女孩喜欢尖叫，不管是兴奋还是害怕。你要学会适应。

告诉她，她能做成任何事。

当她特别生气的时候，坐下来，耐心地听她讲到底是怎么回事。她将把你视为自己的盟友，而非敌人。

对她看的电视或电影内容把关，否则她将一味地要求自己更性感、更苗条，甚至想和摇滚明星交朋友。

每周都要花时间和她一起打球，即使你的球技很烂。这是你们相处的好方式之一。

当她有机会接触 e-mail、网站和聊天工具时，教她识别危险和麻烦。

有那么几天，你会觉得自己养育了一个异类。在那些日子里，她可能也觉得自己的家长是异类。

女孩的情绪像过山车一样波动，而作为爸爸的你却觉得莫名其妙。

当你和她妈妈对峙的时候，她也在学着如何与你们对峙。

有时候，你说什么她都认为不对，但没关系，把你想说的说出来就足够了。

如果她十分欣赏时尚杂志里的靓丽模特，告诉她平面广告的拍摄技巧，如灯光、化妆、修图。

不管她说了什么，不管你有多生气，永远不要骂她。如果你骂了，她可能会记一辈子。

你要知道，很多女孩在回望过去时都把中学时代当作人生中最晦暗的时期。在这个阶段，如何和她保持同步至关重要，参与她生活的每一个关键期，见证她成长的点滴。

做第一个带她去摇滚音乐会的人，但别忘了戴耳塞，你可能已经忘记了那儿会有多吵。

主动开车送她和朋友们去电影院，听她们唧唧喳喳都说些什么。

永远不要讲色情笑话，否则你将不断从她口中听到这类玩笑。

教她在开口讲话以前先思考，并练习这一点。

是的，好好学习才能有好成绩、进好大学，这和成功是密切相连的。她有时也需要知道这一点，但不要把这些话天天挂在嘴边。

发现自己的天赋所在，这对现在的她来说还有点难。帮她发现她真正感兴趣并愿意投入热情的是什么，并帮她追逐这个梦想。

她崇拜的偶像是谁？如果仅仅是流行明星或时尚模特，你需要做一些工作了。

男孩的话题已经成为她生活的一部分，面对这个现实。

一个在物质上什么都不缺的女孩有时也会陷入痛苦。记住，你永远不可能通过物质上的满足来解决她所有的问题。

她有时会因为生你的气不愿和你说话。别太当真，接受这段平静的时光吧。

有时，你也会被她的自私、脆弱和温柔深深打动。这就是真实的她。

心灵的成长

Girls & Spirituality

当她寻求谅解时，原谅她。这是教她学会宽恕别人的最好方式。

给她写一首小诗，表达你心中对她的爱，以及她妈妈是如何爱她的。

当她为一个复杂的处境寻找答案时，教她挖掘内在的自己。

教她祝福自己的敌人，包括自己的前男友。

告诉她：每一天都是神圣的。

鼓励她在每个人身上发现优点，也提醒她注意身边潜藏的坏人。

告诉她：自叹自怜是在浪费时间。

提醒她：生活中有比挑选一条合适的牛仔裤更重要的事。

让她明白：老天的安排和人的期待是有出入的；平静地接受它，而不是抱怨。

女孩与运动

Girls & Sports

带她去运动，但要记住一点，别太较真，不然你会错过很多乐趣。

一开始给她机会多参加几个项目，几个月后，让她选择想继续其中哪几个。

告诉她：如果受一点伤，不用大惊小怪的，她会没事的。让她妈妈也知道这一点。

在她年龄很小的时候，她很可能在某些体育项目上比男孩子更擅长。但不必因此浮想联翩，这可能不是基因问题，而仅仅是男孩女孩发育早晚的问题。

定一条铁律：永远把学业放在第一位。

下班回家后，和她一起打篮球、踢足球。她会喜欢和你一起玩，甚至有可能击败你。

带她参观女子运动会、大学生运动会，运动员的拼搏精神将给她最好的启迪。

和她一起跑步。从她小时候就要开始，这样等她跑得比你快的时候，她依然会邀请你。

没错，现在的女孩比你们当年更擅长运动。

送她去参加运动夏令营。

准备好为她的精彩表现喝彩。

不管你有多生气，千万不要冲裁判大吼，你这样做会让自己表现得像个傻瓜，并让她感到难堪。

如果她运动水平很差，接受这个事实。这或许并不是她的天赋所在。很多有天赋的音乐家和数学家甚至连最简单的投篮动作都不会。

不要以为只有男孩会让她伤心，输一场比赛也一样令她心碎。

适当的体育活动很重要，它看似占用了一些课余时间，却对提升女孩的自尊和自信心很有帮助，进而提高她在学校的积极性。

教她如何输得有尊严。

教她如何赢得优雅。

女孩和金钱

Girls & Money

让她明白，金钱不是万能的。

当她很小的时候，给她一个小猪存钱罐。关于储蓄，什么时候开始学都不算早。

在她很小的时候，为她创造挣钱的机会。一个小女孩应该知道如何整理房间、浇花、叠放衣物。

让她去便利店帮你买东西。她将知道如何用钱，并将知道一些日常用品的价格。

给她固定数额的零花钱。如果她觉得这些钱不够，鼓励她通过自己的努力挣得。

鼓励她为自己的生日存钱。

学会拒绝，对她说："那个我们买不起。"

教她别用信用卡购买任何超出自己每月消费预算的物品。

教她如何存钱。她可以从你身上学会这一点。

警告她债务的风险。

教她砍价。

帮她找一份好的兼职。

如果有必要，告诉她抱怨、苦恼和乞讨不会让她从爸爸的钱包里得到钱。

教她读懂账单。

教她认真对待自己的工作，不管这份工作是什么。

和她谈论家庭开支等问题。一旦她离开家，房租和日常开销对她会是很大的压力。

让她明白，财富带来的最大满足感是用它来帮助别人。

女孩和汽车

Girls & Cars

教她学开车，但别把她弄哭。

让她开车带你兜风。你就坐在那儿，看着窗外，不去批评她的车技。她现在需要点自信心。

别忘了给她买汽车保险。

系上安全带是个硬性要求，即使她穿着派对礼服，也不能改变这一点。

教她学会更换汽车车胎。即便每次她都会给你打电话求助，但有时候你未必能赶过去。

教她在雨天、雪地和冰路上开车，直到她面对各种路况时都充满自信。

教她看懂交通地图。

在她独自开车上路以前，告诫她永远把目光放在路面上，即使音乐 CD 播完了，或者电台正在播一首很难听的歌。

在她这个新手上路以前，设定一个准乘人数限制。

和她一起上防御性安全驾驶课程。你和她会学到很多关于安全驾驶的重要信息。

不要以为她是个女孩，她就会乖乖地开车。

提醒她和你自己：一辆崭新的汽车对谁都不是必需品。

对于她的第一辆车，你只需保证这辆车有一个足够大、足够结实的油箱。这样，你就不用担心好梦被扰了。

让她在紧急时刻给你打电话，但要给她讲明白什么才是紧急情况，否则她可能觉得和男朋友吵架就是什么大不了的事。

提醒她不要等到汽车冒烟了才想起来去加油。

关于酒后驾车，应严格禁止。

让她明白，一辆车如果每天早上都能发动，就是一辆好车。

女孩和男孩

Girls & Boys

穿着奇怪的男孩会出现在你家楼下。别惊讶，这个年龄段的男孩都是这么打扮的。

通过你如何对待妻子，让她明白男人应该如何对待女人。

告诉她不要通过一个人的外表或财富来评价一个男人。

教她学会看着男孩的眼睛说"不"。

陪她参加学校舞会。你会有机会认识她周围的男生。

如果你发现一向不爱看球赛的女儿忽然变成一个球迷，那你就知道一定是哪个男孩让她心动了。

让她明白，如果她故意通过装傻来吸引男孩，那她吸引来的男孩也一定是傻乎乎的。

不要以为任何一个出现在你家门口的男孩都威胁到你女儿的贞洁，他可能仅仅是她生活中的一幕短片。

让她明白，社会上有坏男孩也有优质男孩，教她用一双慧眼去区分。

如果有男孩开车到你家楼下并在下面鸣笛，你不妨下楼对他说，你的女儿只回应门铃。

告诉她，面对那些痞子男孩，不要显得太柔弱。如果他们觉得你女儿变化无常，这或许是件好事。

告诉她，如果一个上流社会的男孩约她出去，不要觉得压力很大，关键是：做自己。

她第一次坐车去约会时，别跟踪她。这会引发你更大的窥探欲。

询问她和约会对象有什么安排，如果你觉得这些安排不妥，给他们定一些新的计划。你女儿会讨厌你这样做，但这没关系。

约会结束后，要确保这个男孩把女儿送回家，而不是把她送到另外一个女孩那儿，除非你信任这个男孩和那个女孩的家庭。

告诉她，她的第一个男朋友通常不会是她的最后一个。

要知道，如果你和她的男朋友成为好朋友，她不见得会高兴。

等她回家。当知道自己的父亲会在家里等着自己，她会对自己的决定更加负责。

记住，在感情问题上，每个女孩都会遇到心碎的时刻，你做什么都改变不了这个事实。把那个男孩揍一顿？这并不理智。要知道，她可能也伤了其他人的心。

　　和女儿讨论性的话题会是你一生中最艰难的谈话之一，但也是最重要的谈话之一。

　　如果她在吃饭时哭泣，对家人大吼大叫，拒绝谈她正在交往的男友，你将知道，她现在的生活很痛苦。

　　教她永远不要把虐待当成爱，暴力行为并不代表他真正在乎她。

　　强调这一点：永远不要和喝醉的"他"上一辆车，不管他声称有多"爱"她。

　　确保她知道，自己随时可以给你打电话，接她回家。

　　不要在她的感情生活中投入太多情感。否则你会疯掉的。

成熟女孩

Older Girls

睡觉前给她一个拥抱，尽管她已经 18 岁了。

永远不要忘记，你对她的影响将是巨大的。你如何度过你的人生，将影响她的人生。

帮她设定目标。如果人生找不到靶子，使出浑身解数打出的枪林弹雨也会沦为地上的尘埃。

如果她偶尔真心想和你聊聊，你就要关掉电视，专注聆听。因为你不知道下次发生这种事会是什么时候。

教她如何有力地跟人握手。

不要被她的情绪或脾气吓走，这时候她更需要你。

关于她买的那堆香水、洗发水、化妆品，你毫无办法，还是一笑了之吧。

告诉她，她很迷人，但别忘了提醒她还有很多别的优点。

鼓励她参加学生会竞选。

在学校里面临的竞争会非常激烈，接受失败是痛苦而又艰难的。如果她输了，安慰她，并鼓励她再次尝试。

经常和她谈关于大学、研究生、职业和梦想的话题。

保持家庭传统。你无法想象这对她有多重要。

如果她让你失望了，别翻旧账，把注意力放在当下。

读懂她的语言。如果她说一个约会对象"还行"、"挺好"，她真正的意思是什么呢？

记住，时装模特比 98％ 的女性都要瘦。不要让她以为自己也能节食或者锻炼到那种程度。

不要介入她和妈妈的战争，除非你认为两个人或其中一个已经完全失去理智，你才可以冒险试一下。

和她一起散步。如果你真正在听，她会告诉你脑袋里装的所有想法。

教她不要轻率地对一个人下结论。

每一年，根据她的年龄和成熟度，设定新的"熄灯时间"。你要做好准备接受她的抱怨。

永远不要在她朋友面前批评她。

教她远离鲁莽的人。

鼓励她参加俱乐部或学校社团。她可能会抱怨这很浪费时间，并且说自己的朋友没人参加这种活动。但她会认识很多有志向的朋友。更重要的是，这会让她的大学简历看起来更漂亮。

教她尊重自己。

教她别为了准备参加派对的衣服和发型而错过学校的课程，除非你只想养育一个派对女孩。

记住，她将通过你定义男人。如果你吸烟、喝酒、说脏话，她生命中的男人可能也会这样。

她抱怨你总是在说教，而你抱怨她从来不听你的话。或许，你们两个人都是对的。

培养她慢慢独立。

如果她因为你家的车或房子而感到丢人的话，那说明她还不够成熟。

鼓励她参加志愿活动。社区活动是治疗"青少年自私综合征"最有效的方法。

教她敢于带头。

她会建议你来一个全身的形象改造工程。要当心，这不一定会让你看起来很酷！

允许她犯错误。

告诉她，人生不需要太多借口。

当她化好妆、弄好头发、穿着黑色礼服出门时，你心中会有些忐忑。这是正常的。

明白自己不能给她想要的一切。

告诉她，成功的人士大多是起得很早、工作到很晚的人。

如果有派对，打听再多的信息都不为过。给举办派对的孩子家长打电话，问他们会不会在场。如果派对上有酒供应，别让她参加。

教她学会和沉默相处。

让她明白，嫉妒不会带来任何效果，只会让人感到难受。

经常提醒她：她有能力改变世界。

鼓励她为别人的成功感到喜悦。

在她上高二的时候，带她参观大学校园。是的，她会离开家，过独立的生活，但现在先别伤感，你这辈子还有很多时间伤感。

让她面对自己的行为带来的后果，并从中学习、成长。如果她欺骗别人或被抓到偷东西时，你都立刻去充当她的救星，那她什么也学不到。

教她敢于站出来表达自己的想法，并愿意改变自己的决定。

有时，你会很不情愿却不得不和她进行一场谈话，因为你是她父亲。

有一天，你将不再是她生命中最重要的男人。做好心理准备。

教她不要被恐惧吓倒，更不要惧怕失败。

和她一起选择想上的大学和攻读的专业。

让她不要因为男朋友而选择一所自己并不太想去的大学。

信任她。

带她出去用餐，享受属于你们的二人世界。

教给她关于智慧的三条箴言：（1）不要相信你听到的全部；（2）永远不要花掉所有的钱；（3）做真实的自己比做一个别人眼中的"她"更重要。起初她接受起来会很困难，但等她大学毕业以后，她就会慢慢理解了。

告诉她：伟大的爱和伟大的成就都需要冒险。

向她妥协。

让她明白，真正的幸福感源自内在。

向她解释：有时，得不到自己想要的东西反而是一种幸运。

提醒她：有什么样的性格，就会有什么样的命运。

提醒她：无论工作或学习，都不要太拼命。

教她学会放手，对任何事情都不要太过执著。

告诉她，失败是成功的一部分，她需要不断尝试。

让她拥有永不放弃的决心。

花一点时间，看看她的房间，她的照片、日记本、纪念品——这些是她的回忆，也是你给她的童年。

记住，当她离开家去上大学时，你会很伤心，但你会扛过去的。

告诉她，她是你一直梦想拥有的女儿。

最后，

放开手，让她走。